잎은 왜 초록색일까?

POURQUOI LES FEUILLES SONT-ELLES VERTES?
by Paul Mathis

민음 바칼로레아 008

잎은 왜 초록색일까?

폴 마티스 ㅣ 이재열 감수 ㅣ 김성희 옮김

민음in

차례

질문 : 잎은 왜 초록색일까?

참 순진해 보이는 질문이다. 이 질문에 대한 답을 간단히 한 문장으로 끝낼 수도 있을 것이다. 사실 이는 아주 불가능한 일도 아니다. "잎이 초록색인 것은 초록색 색소가 들어 있기 때문이며, 그중 대표적인 것이 엽록소다."라고 하면 되니까. 물론 그와 함께 색소가 무엇인지 일러주면 더 좋을 것이다. 색소란 빛을 선택해서 흡수함으로써 특유한 색깔을 나타내는 화학 물질이다. 그림물감의 색이 바로 그런 색소를 농축해서 만든 것이다.

그런데 이 대답은 틀린 것은 아니지만 지나치게 간단하다. 질문을 던진 사람이 그보다는 훨씬 더 자세히 알고 싶을 수도 있으니까 말이다. 가령, 다음과 같은 질문이 이어질 수도 있을 것이다.

　— 엽록소가 있다고 해서 왜 잎이 초록색이 되어야 하는가?
　— 엽록소는 왜 잎의 생물학적 기능에 필요한 것일까?
　— 광합성 현상에서 식물을 자라도록 하는 것은 무엇인가?
　— 잎은 왜 모두 똑같은 색깔을 가지고 있지 않은가?

　물론 이 밖에도 많은 질문이 있을 수 있다. 이 책이 해결하려는 것은 잎을 둘러싸고 나타날 수 있는 이러한 온갖 궁금증들이다.

　'초록색' 또는 '녹색'이라는 말이 일상생활에서 넘쳐 나고 있는 요즈음 같은 때에 이러한 질문에 답할 줄 모르는 것은 상당히 미안한 일일 수도 있다. 주변에 흘러 다니는 말들 중에서 '녹색'이 쓰이는 말로는 어떤 것이 있는지 예를 들어 보자.

　우선 '녹색 연합'이라는 시민 단체가 있다. 여러분도 뉴스에서 한 번쯤 들어본 적이 있을 것이다. 녹색 연합의 지도자들이 어쩌다가 우연히 그 이름을 고르게 된 것은 아닌 것 같다. 그 단체가 내세우는 주장이 옳든 그르든, 초록색은 어쨌든 생태학과 관련되어 있으니까 말이다.

　다음으로 생각나는 것으로는 '녹색 에너지'라는 말이 있다.

이 말은 재생 에너지를 가리키는 말로서 무궁무진한 태양 에너지를 이용하는 광합성을 통하여 생존에 필요한 양분을 얻는 식물에서 힌트를 얻은 것이다.

또 한 가지 여러분이 자주 들었을 법한 말로 '녹색 혁명'이 있다. 이것은 만성적인 식량 부족에 시달렸던 나라들에게 식량 자급을 거의 가능하게 만들어 준 혁명을 두고 하는 말이다.

그 밖에도 '그린벨트', '녹색 도시', '녹색 수업' 등 초록색이 들어가는 말이 상당히 많다. 프랑스에서 모든 정원사가 듣고 싶어 하는 말인 '아부아 라 망 베르트(avoir la main verte)' 에도 초록색이 등장한다.

물론 이 책에서는 녹색이 이처럼 사회적으로 어떻게 쓰이고 있는가를 다루지는 않을 것이다. 대신 책 제목이 던지고 있는 물음과 관련해서 알아야 할 필요가 있는 여러 가지 사실들을

●　●　●

녹색 수업 산이나 들 등에서 자연의 참다운 가치를 체험함으로써 환경의 중요성을 배우는 체험 교육 프로그램.
아부아 라 망 베르트(avoir la main verte) 글자 그대로 옮기면 '초록색 손을 가지고 있다.' 라는 말로, '식물을 키우는 데 재주가 뛰어나다.' 라는 뜻이다. 식물을 계속 다루면 손이 초록색으로 물들기 때문에 그렇게 표현했다고 보면 되겠다. 영어의 'have a green thumb' 도 같은 표현이다.

요모조모 알아보려 한다.

우선, 우리는 잎 색깔을 결정하는 색소가 잎의 어디쯤에 들어 있는지 찾아볼 것이다. 그러고 나서 분자 단계로 넘어가서 색소의 화학적 성질은 어떠한지, 또 색깔은 어떻게 만들어지는지를 살펴볼 것이다. 이 내용을 알고 나면 그다음에 우리가 알아볼 사실, 즉 잎의 생물학적 기능 중 가장 중요한 기능인 광합성에 대한 이해도 더 쉬워질 것이라고 생각한다. 광합성에 대한 공부가 끝나면, 잎이 봄에는 연한 초록색이었다가 가을이 되면 빨간색이나 노란색으로 변하는 이유는 무엇인지, 또 바다에서 자라는 해조류(미역, 김 등)에서 볼 수 있는 색깔의 차이는 왜 나타나는지도 알아볼 것이다.

1

잎 속으로
떠나는 여행

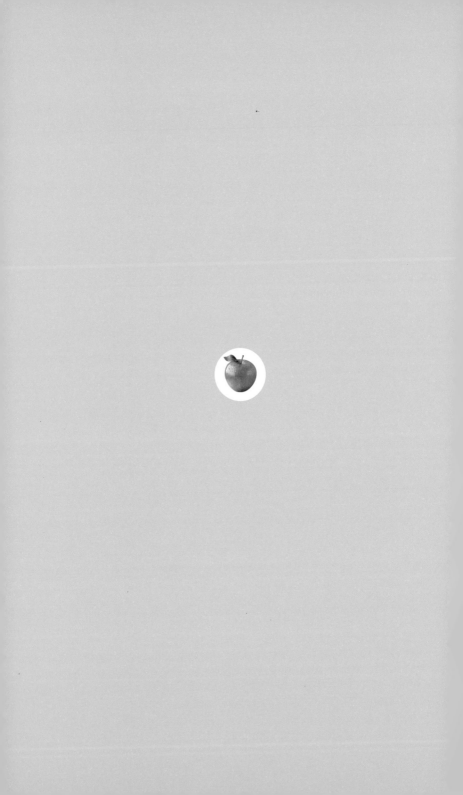

작은 초록색 럭비공

맨눈으로 보면 잎들은 모두 똑같이 초록색으로 보인다. 하지만 현미경으로 그 단면을 들여다보면 세포들이 그물눈처럼 촘촘히 늘어선 것을 볼 수 있다. 잎의 윗면과 아랫면 가장 바깥에는 조직을 보호하는 표피가 있고, 가운데쯤으로 수액이 지나가는 관이 있다. 식물의 수액은 동물의 피에 해당하는 것이다. 더 자세히 관찰해 보면, '유조직(柔組織)'*이 잎 속을 가득 채우고 있는데, 이 조직은 초록색 세포로 이루어져 있다. 잎에서

• • •

유조직 식물체의 대부분을 차지하는, 유세포로 이루어진 조직. 세포막이 얇으며 원형질을 포함하고 있다.

초록색을 찾은 걸 보니 지금까지 우리가 길을 제대로 온 모양이다.

유조직을 이루는 세포 하나를 놓고 현미경의 배율을 높이면, 세포 바깥을 둘러싼 벽 같은 것이 보일 것이다. 이 벽은 셀룰로오스로 이루어져 있는데, 이는 식물 세포의 주요 특징 중의 하나로 동물 세포에서는 볼 수 없는 것이다. 이 벽 안쪽에는, 다른 모든 세포에서와 마찬가지로, 세포막과 세포핵이 있다. 유전 물질은 대부분 세포핵에 들어 있다. 또한 '액포(液胞)'라는 이름을 가진 커다란 조직도 보인다. 액포는 세포 내에서 가장 넓은 영역을 차지하는 경우가 많다. 액포 속은 세포액으로 가득 차 있는데, 세포액 속에는 당, 염류, 유기산, 단백질, 색소 등이 들어 있다. 그 밖에도 세포의 호흡을 담당하는 미토콘드리아, 계속 빛을 받으면 크기가 커지는 녹말 입자도 보인다. 하지만 지금까지 이야기한 것 중에서 초록색은 하나도 없다. 초록색은 럭비공 모양을 한 5마이크로미터° 크기의 작은 알갱이에 국한해서 나타나는데, 그것이 바로 **엽록체**이다. 엽록

● ● ●

마이크로미터 길이의 단위로 음향이나 전기의 파장, 분자와 분자 사이의 거리, 미생물의 크기 따위를 잴 때 쓴다. 1마이크로미터는 1000분의 1밀리미터이며, 기호는 μm이다.

체는 일반적으로 액포와 세포벽 사이, 세포의 가장자리에 위치하며, 대개의 경우 세포 하나에 대략 수십 개가 들어 있다.

나뭇잎을 분쇄기에 넣고 갈아서 거르면 초록색 즙이 나온다. 그 즙을 원심 분리˚ 하면 위에 뜨는 부분인 '상징(上澄)'과 아래에 가라앉는 부분인 '잔사(殘渣)'로 쉽게 나누어진다. 상징은 색깔이 없고 잔사는 진한 초록색을 띠는데, 그 잔사에 들어 있는 것은 거의 엽록체이다. 따라서 잎에서 초록색을 띠는 것은 모두 엽록체로 분리할 수 있음을 알 수 있다.

엽록체

광학 현미경으로 보면 엽록체는 꼭 초록색 럭비공처럼 보인다. 그런데 광학 현미경으로는 이제 더 이상 관찰을 진행할 수가 없다. 원심 분리를 한 엽록체들은 마이크로미터 단위보다

● ● ●

원심 분리 어떤 혼합 물질을 시험관에 넣고 빠르게 회전시켜 인공으로 강한 가속도를 걸어 주면 무거운 물질은 아래에 가라앉고 가벼운 물질은 위에 뜨게 되는데, 이러한 성질을 이용해서 물질을 분리하는 방법을 말한다.

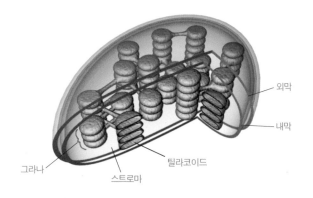

외막

내막

틸라코이드

그라나

스트로마

엽록체의 구조

더 작기 때문이다.

광학 현미경 대신에 다른 것을 이용하면 엽록체를 더 자세히 관찰할 수 있으며, 엽록체 어디에 초록색이 있는지도 알아낼 수 있다. 그러기 위해서는 전자 현미경(아쉽게도 전자 현미경으로는 색깔을 볼 수 없다.)과 단백질 분석이 반드시 필요하다.

전자 현미경으로 엽록체를 들여다보면, 엽록체의 외부는 두께 50나노미터˙ 정도의 막이 두 겹으로 싸고 있다. 내막은 **생**

⬤ ⬤ ⬤

나노미터 빛의 파장 따위를 나타내기 위해 쓰는 단위. 1미터의 10억분의 1이다. 기호는 *nm*.

체 분자로 이루어진 걸쭉한 액체인 스트로마(stroma)를 둘러싸고 있으며, 스트로마에는 얇은 원판 모양의 막으로 된 주머니들인 틸라코이드(thylakoid)가 겹겹이 쌓여서 그라나(grana)를 이룬 채 떠 있는 것을 볼 수 있다. 틸라코이드의 막도 역시 고속 원심 분리기를 이용하여 분리해 낼 수 있는데, 그러면 초록색이 거기에 모두 모여 있음을 알게 된다. 다른 **생체막**들과 마찬가지로, 틸라코이드 역시 단백질 활동을 도와주는 두 겹의 지질층으로 이루어져 있다. 모양은 아주 길고, 또 두께는 극도로 얇아서 약 4나노미터밖에 되지 않는다. 일단 분리한 막을 설거지에 사용하는 것과 같은 종류의 세제로 처리하면, 완전 무색의 지질과 수많은 단백질로 분리되면서 해체된다. 이때 분리된 단백질들은 대부분 색깔이 없는데, 두 종류는 선명한 초록색을 띤다. '안테나 복합체'와 '반응 중심 복합체'라고 불리는 것들이다. 용어만 듣고 겁먹지 말기를. 뒤에 가서 다시 살펴볼 텐데, 그러면 이 물질들이 무슨 일에 사용되는지 쉽게 이해할 수 있을 것이다.

• • •

생체막 세포막을 비롯하여 세포 내의 핵을 싸고 있는 핵막과, 소포체, 미토콘드리아, 엽록체, 골지체 따위를 구성하는 막을 통틀어 이르는 말.

여기서 일단 짚고 넘어갈 것은 두 가지 모두 **단백질**이라는 사실이다. 단백질은 커다란 크기의 분자이며, 중합체에 속한다. **중합체**란 작은 크기의 분자들이 모여서 단백질을 만들었다는 뜻인데, 대략 아미노산 백여 개가 결합하여 단백질 하나를 이룬다. 아미노산은 탄소(C), 수소(H), 산소(O), 질소(N) 원자로 이루어져 있다.

단백질에는 두 가지 주요한 특성이 있다. 하나는 원자들이 나노미터 단위로 일정하게 정렬되어 있는 그 구조이고, 또 하나는 아주 다양한 생화학적 반응을 가능하게 해 주는 그 기능이다. 이렇게 생화학적 반응을 일으킨다는 점에서 볼 때 단백질은 **효소**에 해당된다. 효소란 극히 느린 화학 반응의 속도를 아주 빠르게 만들어 주는 분자를 말한다.

지금까지 우리가 벌여 온 초록색 탐사 대작전을 일단 정리해 보자. 현미경의 배율을 천만 배까지 확대해 가면서 우리는 나뭇잎의 초록색이 '안테나 복합체'와 '반응 중심 복합체'라

● ● ●

중합체 분자가 서로 중첩되고 합쳐져서 생기는 화합물로 폴리머라고도 한다. 중합체를 이루는 구조에는 사슬 모양 중합체, 다리 걸침 중합체(사슬 모양 중합체가 간단한 분자에 의해 결합한 것)나 그물 모양 중합체 등이 있다.

는 두 가지 단백질에 모두 모여 있다는 것을 알아냈다. 이 단백질들은 크기는 몹시 작지만(대략 5나노미터) 그 수는 놀랄 만큼 많다. 플라타너스 잎과 같은 나뭇잎 한 장은 7000만 개 정도의 세포로 이루어져 있는데, 그 세포 하나하나가 70개의 엽록체를 가지고 있다. 즉 나뭇잎 한 장에 대략 50억 개의 엽록체가 들어 있다. 그리고 각각의 엽록체에는 대략 200만 개의 반응 중심 복합체와 1000만 개의 안테나 복합체가 들어 있다. 계산해 보면 나뭇잎 하나에 얼마나 많은 안테나 복합체와 반응 중심 복합체가 있는지를 알게 될 것이다.

대부분의 단백질들은 색깔이 없다. 그렇다면 왜 안테나 복합체와 반응 중심 복합체라는 단백질만 특별하게 초록색을 띠는 것일까? 그 이유를 알아내기 위해서 이제 분자 얘기로 넘어가 보자.

엽록소

지금까지 알아낸 것보다 더 많은 것을 알기 위해서는 초록색 단백질을 아세톤이나 에탄올 같은 유기 용매에 넣어 보면 된다. 조금 시간이 흐른 후, 바닥에는 희끄무레한 침전물이 생기고 용매는 초록색으로 물드는 것을 볼 수 있다. 이는 단백질에 들어 있던 **색소**가 유기 용매에 모두 녹았다는 뜻이다. 이제 그렇게 얻은 초록색 액체를 하얀 여과지나 셀룰로오스 분말이나 설탕을 담은 유리 시험관에 떨어뜨려 보자. 이로써 여러분들은 화학자들이 크로마토그래피˙라고 부르는 실험을 한 것이다. 실험 결과 우리는 초록색이 여러 부분으로 나누어지는 것을 볼 수 있는데, 아주 정교한 화학적 분석을 통하면 그 각각이 무엇인지 확인해 볼 수 있다. 청록색 성분은 엽록소 a, 초록색 성분은 엽록소 b, 노란색에서 주황색까지의 색깔들로 나타나는 성분은 카로티노이드˙에 해당된다. 이 성분들은 모두 상대적으로 복잡한 유기 분자˙에서 나타난다. 이 책에서 화학 공부를 시키고 싶은 생각은 별로 없지만, 몇 가지는 반드시 짚고 넘어가야겠다.

●　●　●

크로마토그래피 색소 물질을 흡착제로 분리하는 방법으로, 색층 분석이라고도 한다. 물질마다 흡수되는 속도가 다르다는 원리를 이용한 것이다.
카로티노이드 동식물에 널리 분포되어 있는 노란빛 또는 붉은빛 색소의 한 무리. 보통 기름에 잘 녹고, 동물의 몸 안에서 비타민 A를 만든다. 카로틴, 크산토필 따위가 있다.
유기 분자 세포가 만들어 내는 탄소 화합물로 포도당, 단백질, 지방 등이 있다.

크로마토그래피 실험을 하는 과학자

우선 엽록소는 영어로 클로로필(chlorophyll)이라고 하는데, 이 말은 그리스어에서 온 것으로 초록색을 의미하는 '클로로스(khloros)'와 잎을 의미하는 '풀론(phullon)'을 합쳐서 만든 말이다. 엽록소는 지름 2나노미터, 두께 0.2나노미터 크기의 납작한 원판 모양을 한 분자로 이루어져 있으며, 탄소, 산소, 질소, 수소 원자를 함유하고 있다. 엽록소 한가운데에는 마그네슘 원자가 질소를 포함하는 포르피린° 고리로 둘러싸여 있고,

그 곁에는 아주 기다란 사슬 형태로 된 알코올 분자인 피톨 사슬이 붙어 있다. 엽록소가 물에 녹지 않고 유기 용매에 녹는 것은 바로 피톨 때문이다. 또한 그래서 엽록소는 세포액 속에서도 녹지 않고 막의 단백질에 결합되어 있을 수 있다.

엽록소는 생체 분자에 속한다. 생체 분자는 식물뿐만 아니라 동물에게도 본질적으로 나타나는 특징이다. 대표적인 생체 분자로는 혈액의 기본 성분인 헤모글로빈을 들 수 있다. 혈액 색깔이 뻘간 것은 바로 헤모글로빈 때문이다. 헤모글로빈은 한가운데에 철이 놓여 있다는 것을 제외하면 엽록소와 분자 구조가 거의 똑같다. 한편, 엽록소 a와 엽록소 b는 매우 비슷한 화학 구조를 가지고 있다. 엽록소 a를 이루는 수많은 CH_3 분자들(탄소 원자 한 개와 수소 원자 세 개가 결합되어 있는 분자) 중 단 하나가 CHO(탄소 원자 1개에 수소 1개와 산소 1개가 결합되어 있는 분자)로 바뀐 것이 바로 엽록소 b이다. 이렇게 미세한 화학적 차이만으로도 분자 색깔은 상당히 달라진다.

한편, 카로티노이드는 선 모양으로 생겼는데, 탄소와 수소

• • •

포르피린 포르핀에 각종 곁사슬이 들어간 화합물을 통틀어 이르는 말. 혈색소, 시토크롬, 엽록소 따위의 색소 성분을 이룬다.

만으로 이루어져 있는(때때로 산소 원자도 한두 개 보인다.) 아주 단순한 화학 구조를 가진다. 카로티노이드는 몇몇 생물 조직이 오렌지색이나 노란색 또는 붉은색을 띠게 하는 분자 계열에 속한다. 당근(영어로 carrot이라고 하는데, 이 이름을 따서 카로티노이드(carotinoid)라고 명명한 것이다.)이나 노란 호박이나 옥수수나 홍학의 깃털이나 익힌 갯가재 같은 것들에 바로 카로티노이드가 들어 있다. 잎에서 추출한 단백질에서 가장 많이 볼 수 있는 카로티노이드로는 카로틴*과 크산토필*이 있다.

지금까지 말한 모든 분자 중에서 엽록체에 제일 많이 들어 있는 것은 엽록소 a다. 잎이 초록색으로 보이는 것은 엽록소 a와 엽록소 b, 그리고 카로티노이드의 혼합에 의한 것이다. 잎의 색깔이 단 한 가지 색소 때문이 아니라 여러 가지 색소가 혼합되어 나타난다는 사실은 주목할 만한 부분이다. 뒤에 가서 여기에 대해 다시 살펴보겠지만, 그 혼합 비율이 어떻게 달라

● ● ●

카로틴(carotin) 카로티노이드의 하나로 당근 뿌리나 고추에 많이 들어 있는 붉은빛 색소 물질이다. 동물의 몸 안에서 비타민 A로 변하여 시각이나 광합성 따위에서 중요한 기능을 한다.
크산토필(Xanthophyll) 녹황소라고도 하는데, 엽록체 안에 엽록소와 함께 존재하는 누런색 색소를 말한다. 가을에 잎이 누렇게 되는 것은 이 색소 때문이다.

지느냐에 따라서 잎 색깔이 바뀌기 때문이다.

이상으로 화학적인 기초를 약간 다졌으니, 이제 그러한 분자들이 색을 띠는 원인, 즉 이 책의 앞부분에서 말했던 색소에 대해 알아보기로 하자.

2

색깔이란
무엇인가?

왜 어떤 분자들은 색을 띠고 있을까?

색과 분자의 관계를 이해하기 위해서는 빛에서 먼저 시작해야 한다. 우리가 가장 흔하게 볼 수 있는 태양빛이나 전등에서 나오는 빛은 거의 흰색에 가깝게 보인다. 하지만 실제로 빛의 색깔이 흰색인 것은 아니며, 차라리 빛은 다색(多色)이라고 하는 것이 옳다. 수많은 색이 겹쳐져서 흰색으로 보이는 것일 뿐, 실제로는 온갖 색이 거기에 들어 있기 때문이다. 인위적인 방법을 동원하면 아주 분명한 한 가지 색의 빛을 만들어 낼 수 있는데, 그러한 빛을 가리켜 '단색광(單色光)'이라고 부른다.

여기서 먼저 빛을 두 가지 방식으로 설명할 수 있다는 것을 짚고 넘어가자. 우리는 빛을 전자기파로 볼 수도 있고, **광자** 🍎 라는 입자가 모여 있는 것으로 볼 수도 있다. 파동으로 볼 때,

빛은 공간을 가로질러 펴져 나가는 진동 현상의 하나이고, 따라서 1초에 30만 킬로미터를 이동하는 전파 속도, 진동수, 그리고 **파장** 등 세 가지 매개 변수를 특징으로 한다. 이때 파장은 10억분의 1미터에 해당하는 나노미터 단위로 표현된다. 우리가 눈으로 볼 수 있는 빛은 400나노미터의 파장을 가진 보라색에서부터 730나노미터의 파장을 가진 붉은색까지이며, 자외선의 파장은 그보다 더 짧고 적외선의 파장은 더 길다. 단색광은 한 가지 파장으로 된 파동과 모두 똑같은 에너지를 가지고 있는 광자로 이루어져 있다. 반면에 백색광은 갖가지 파장의 파동 또는 서로 다른 에너지를 갖는 광자로 이루어져 있다.

　광자의 개념으로 보면, 빛은 어떤 물체(액체든 고체든 상관없이)를 통과할 때 광자의 일부분을 잃는다. 빛이 지나가는 물체의 분자에 광자가 '흡수'된 것이다. 과학자들은 이 현상을 두고

● ● ●

단색광 '단색'을 뜻하는 영어 단어인 monochrome은 하나를 뜻하는 그리스어 '모노스(monos)'와 색깔을 뜻하는 '크로마(khroma)'를 합쳐서 만든 말이다.
전자기파 공간에서 전기 마당과 자기 마당이 주기적으로 변화하면서 전달되는 파동. 1864년에 맥스웰이 이론적으로 발견하였다. 파장이 긴 것부터 마이크로파, 가시광선, 엑스선, 감마선이라고 이른다.
파동과 광자 이를 한 가지 현상의 두 가지 특징으로 이해해서는 안 된다. 이는 한 가지 현상을 동시에 두 가지로 설명한 것일 뿐이다.

빛의 흡수라고 부른다. 빛의 흡수라는 다소 신비한 현상은 이미 수많은 물리학자들이 자세히 분석하여 설명해 둔 현상이다.

빛의 흡수를 분자 차원에서 설명하면, 적당한 에너지를 가지고 있는 광자 하나가 그 에너지를 물체의 분자에 넘겨준 뒤 그냥 사라지는 것이라고 할 수 있다. 이러한 현상이 일어나는 것은 광자가 질량을 가지지 않기 때문이다. 광자는 단순히 에너지로 이루어져 있을 뿐이며, 에너지를 다른 물체에 넘겨주면 더 이상 존재하지 않게 된다. 어쨌든 빛의 흡수가 가능하려면 분자의 안정된 상태(바닥상태)와 불안정한 상태(들뜬상태)˚ 사이의 에너지 차이가 광자의 에너지와 똑같아야 한다.(이에 대해서는 뒤에 가서 다시 알아볼 것이다. 광합성의 에너지 변환을 이해하려면 꼭 필요한 내용이다.) 따라서 우리는 여기서 그러한 상태에 적합한 에너지를 가진 광자만이 주어진 물체의 분자에 흡수된다는 것을 알 수 있다. 조건에 들어맞지 않는 광자는 물체

• • •

바닥상태와 들뜬상태 바닥상태는 분자, 원자, 원자핵 따위를 포함한 어떤 계의 상태 가운데에서 에너지가 가장 낮고 안정된 상태를 말하며, 다른 말로 기저 상태라고도 한다. 들뜬상태는 양자론에서 원자나 분자의 가장 바깥쪽에 있는 전자가 바닥상태에 있다가 외부의 자극에 의하여 일정한 에너지를 흡수하여 더 높은 에너지 상태로 이동하는 현상을 말한다.

초록색으로 빛나는 분자. 왜 그럴까?

의 분자에 흡수되지 않고 자기가 가던 길을 계속 가는 것이다.
처음에 흰색이었던 빛은 주어진 물체를 통과하고 나면 그런 식
으로 일정한 에너지를 지닌 광자를 잃게 되고, 그 결과 흰색이
아니라 다른 색깔을 띠게 된다.

좀 더 보충하자면, 많은 종류의 분자들은 가시광선을 흡수
하지 않거나 아주 조금만 흡수한다. 유리창이나 컵을 통과한
백색광이 여전히 흰색인 것처럼 말이다. 어떤 분자들은 초록색
에서 빨간색까지의 빛은 그냥 지나가게 내버려 두고, 강한 에
너지를 지닌 가시 광자인 파란색 광자만을 흡수한다. 따라서

그 분자들은 카로티노이드처럼 노란색이나 주황색을 띠게 된다. 또 어떤 분자들은 보라색에서 노란색까지의 빛은 그냥 통과시키고 약한 에너지의 가시 광자인 빨간색 광자만을 선택적으로 흡수한다. 따라서 그 분자는 메틸렌 블루˙처럼 파란색으로 보이게 된다.

여기서 우리가 정확히 알아야 할 것은, 물리학에서는 광자의 색깔이 무엇인가 하는 것은 상관하지 않는다는 점이다. 물리학은 오로지 에너지에만 관심을 가진다. 색깔이라는 개념은 관찰자인 인간이 도입한 것이다. 인간을 비롯한 포유 동물의 망막에는 레티넨이라는 색소가 있는데, 그것은 옵신과 결합하여 세 가지 다른 방식으로 로돕신이라는 단백질을 이룬다. 그 결과 레티넨은 세 가지 색깔을 띠게 되고, 따라서 세 가지 에너지 영역에 속하는 광자를 흡수한다. 그러한 흡수의 결과로, 눈은 흡수된 광자의 에너지에 따라 다르게 반응한다. 그다음 내용은 초등학교 때 이미 배웠을 것이다. 어떤 시각적인 느낌을

- - - -

메틸렌 블루(methylene blue) 짙푸른 녹색의 결정이나 가루로, 산화되면 푸른색, 환원되면 무색으로 변하는 성질이 있고, 물에 잘 녹으며 수용액은 살균력이 있다. 타닌을 매염제로 하여 무명을 청색으로 물들이거나 산화 환원 반응의 지시약, 세포나 조직 따위의 생체 염색제로 쓴다.

두고 파란색, 초록색, 빨간색 등으로 부르는 것 말이다. 그러므로 색깔이란 일종의 주관적인 개념이라고 할 수 있다. 다만 그 근거에는 빛이 가지고 있는 매우 정확한 물리적인 특성이 놓여 있을 뿐이다.

엽록소의 경우에는 조금 더 복잡하다. 예를 들어, 엽록소 a는 보라색 광자와 빨간색 광자를 흡수한다. 이는 엽록소 a에 에너지가 서로 다른 두 가지 들뜬상태가 존재하기 때문에 가능하며, 그 결과 엽록소 a는 청록색을 띤다. 한편, 엽록소 b는 파란색과 보라색 광자를 흡수하여 초록색으로 보이게 된다.

광자 개념 대신 파장 개념을 이용해서도 빛이 분자에 의해 흡수된다는 것을 설명할 수 있다. 분자들은 저마다 특징적인 흡수 스펙트럼*을 나타낸다. 다시 말해서 분자가 빛을 강하게 흡수하고 흡수하지 않고는 그 빛의 파장에 따라 결정된다는 뜻이다. 다음 쪽의 그림은 잎의 색소에서 그 현상이 어떻게 일어나는가를 보여 주고 있다.

●●●●

흡수 스펙트럼 태양빛을 프리즘에 통과시키면 연속 스펙트럼을 볼 수 있다. 하지만 태양빛을 어떤 물질에 먼저 통과시킨 다음 프리즘에 통과시키면 연속 스펙트럼 가운데 어두운 부분이 나타난다. 이는 해당 부분의 파장이 그 물질에 흡수되었기 때문인데, 일반적으로 어둡게 된 이 부분을 흡수 스펙트럼이라고 한다.

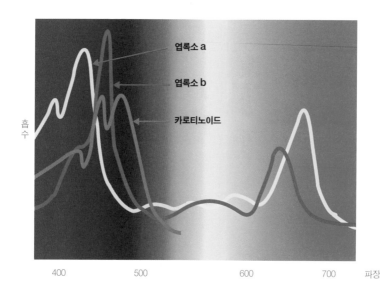

흡수

파장(nm)

400　　　　　500　　　　　600　　　　　700

색소와 빛의 흡수 스펙트럼

흡수 스펙트럼을 측정하는 것은 쉬운 일이다. 엽록소 a를 예로 들어 보자. 에탄올에 엽록소 a를 녹인 용액을 작은 비커에 담은 다음, 백색광을 프리즘에 통과시켜 얻은 단색광이 그 비커를 지나가게 한다. 그리고 광 검출기￮를 이용하여 빛이 얼마나 흡수되었는지를 측정한다. 보라색부터 빨간색까지 모든 파장에 대하여 실험을 반복하고 나면, 우리는 엽록소 a의 흡수 스펙트럼을 얻을 수 있다. 즉, 엽록소 a가 어떤 색의 빛을 흡수하는지 알 수 있는 것이다.

잎의 흡수 스펙트럼은 잎에 포함되어 있는 여러 가지 색소들의 스펙트럼이 합쳐진 것으로 이를 정확하게 알려면 색소 각각의 농도를 고려해야 한다. 앞에서 광자를 통해서 설명했을 때보다 이해하기가 조금 더 어려울 수도 있겠지만, 색은 빛의 흡수와 관련되어 있는 부가적인 특성이라는 점에서 개념적으로 같은 현상이다. 잎의 색깔은 잎을 통과한, 흡수되지 않은 빛을 나타낸다는 것이다. 물론 잎의 색깔이 단 하나의 분자가 아닌, 대단히 많은 수의 분자에 의해 결정된다는 점도 기억하자. 엽록체 하나에도 대략 6억 개의 엽록소 분자가 들어 있다는 사실을!

분자는 왜 선택적으로 빛을 흡수할까?

이제 우리는 빛의 흡수 현상을 좀 더 자세히 알아볼 필요가 있다. 그것은 다음과 같은 두 가지 이유 때문이다. 첫째, 이 현

● ● ● ●

광 검출기 빛 에너지를 전기 에너지로 바꾸어 그것을 검출하고 세기를 측정하는 기계.

상을 알아야 우리가 처음 던졌던 질문, 즉 '잎은 왜 초록색일까?'라는 질문에 대한 답에 다가갈 수 있기 때문이다. 색이 광자의 선택적 흡수에 의하여 생긴다는 것은 알았으니, 이제 왜 그런 선택적 흡수가 일어나는지 알아볼 차례인 것이다. 둘째, 그것을 자세히 알아야 광합성에서 색소의 생물학적 역할이 무엇인가를 이해할 수 있기 때문이다.

앞에서 우리는 빛이 파동인 동시에 광자의 집합이며, 따라서 분자가 빛을 흡수하는 현상을 두 가지 방법으로 이해할 수 있다는 것을 살펴보았다.

빛의 선택적 흡수 역시 마찬가지로 두 가지 관점에서 설명할 수 있다. 빛을 파동으로 보면, 빛의 진동수가 분자의 고유진동수와 일치하는 경우 빛은 분자와 공명 상태에 들어간다. 즉 그러한 공명 조건에 일치하는 빛만 분자에 흡수되는 것이다. 빛을 광자로 보면, 분자를 바닥상태에서 들뜬상태로 옮겨가게 하는 에너지와 빛의 에너지가 일치할 경우 빛은 그 분자에 흡수될 수 있다. 역시 일정한 조건에 일치하는 빛만 흡수된다는 것을 알 수 있다. 여기서 잠깐 알아 두어야 할 것은 들뜬상태에서는 전자들의 위치가 바뀐다는 것이다. 행성들이 태양주위를 도는 것처럼, 분자 속에 있는 전자가 원자핵 주위를 돈다는 것을 들어본 적이 있을 것이다. 이때 전자들은 여러 크기

나는 초록색 물고기만 잡는다

의 에너지에 대응하는 일정한 궤도(물론 행성들처럼 분명한 궤도를 그리는 것이 아니다. 대충 그런 궤도를 그린다는 것이다.)를 따라 도는데, 어떤 자극을 받는 경우 전자는 더 큰 에너지를 가지면서 좀 더 바깥쪽 궤도를 찾아가는 것이다.

광자가 분자를 자극하면 어떤 일이 벌어질까? 그런 경우 분자는 아주 잠깐 동안 불안정한 상태에 놓이게 되며, 분자에서는 다음과 같은 세 가지 상황이 일어날 수 있다.

첫째, 분자는 광자를 다시 방출할 수 있다. 자기가 흡수했던 것과 비슷한 파장을 가진 빛의 형태로 에너지를 되돌려 주는 것이다. 물질이 광자의 자극에 의해 빛을 내는 이 현상을 '형광'이라고 부른다.

둘째, 자극을 받은 분자는 빛을 다시 방출하지 않고 바닥상태로 돌아갈 수도 있다. 대신에 초과 에너지는 모두 불규칙 운동, 즉 열로 바꾸어 놓는다. 검은색 물체가 햇빛을 흡수했을 때 바로 이런 현상이 발생한다. 따뜻해지는 것 말이다.

분자에 일어날 수 있는 세 번째 현상은 아주 드물게만 발생하는데, 바로 화학 반응을 하는 것이다. 이런 경우에 분자는 빛 에너지를 저장해서 쓸모 있는 무언가를 만들어 내기 때문에 아주 흥미롭다. 따라서 이 현상을 자세히 살펴보기로 하자.

우리는 지금 책을 읽고 있다. 이것이 어떻게 가능한지를 설명해 보자. 앞에서 짧게 말했지만 우리 눈의 망막에는 로돕신이라는 단백질이 들어 있고, 로돕신은 레티넨이라는 색소를 가지고 있다. 레티넨은 빛을 흡수하면 자극을 받고 반응을 일으키는데, 그 결과 결합 구조에 변화가 생긴다. 이 변화가 곧이어 단백질 형태의 변화를 초래하고, 이는 신경 충동으로 이어진다. 따라서 레티넨이 들뜬상태로 바뀌는 것은 우리가 무언가를 볼 수 있게 해 주는, 중요하고도 유익한 결과를 가져다준다.

그런데 유익한 화학 반응은 아주 빠른 속도로 일어나야 한다. 그러지 않으면 다른 현상이 그 자리를 대신할 수도 있기 때문이다. 형광 현상이나 열 변환 현상은 약 10억분의 1초 만에 이루어진다. 따라서 유익한 화학 반응은 그보다 훨씬 더 짧은 시간에, 즉 10억분의 1초의 10분의 1도 안 되는 시간 안에는 이루어져야 한다는 말이다.

잎의 경우, 색소가 빛의 자극을 받아 유익한 화학 반응을 일으킨다. 그 화학 반응의 이름은 바로 '광합성'이다. 다음 장에서는 그것에 대해 자세히 살펴보자.

3

광합성이란
무엇인가?

광합성이란 무엇인가?

광합성이란 잎이 빛의 광자 에너지를 이용해서 식물이 자라도록 해 주는 분자를 만들어 내는 것을 말한다. 광합성의 결과, 포도당을 비롯하여 단백질, 지질, 핵산 등이 만들어지기 때문에 광합성은 식물의 생존에 필수적이다.

광합성 과정의 첫 번째 단계는 안테나 복합체에 있는 색소가 광자를 흡수하는 것으로 이루어진다. 흡수된 에너지는 곧이어 반응 중심 복합체로 옮겨지고, 그러면 전하를 분리하는 화학 반응이 일어난다. 이로써 길고 긴 화학 반응의 첫 단추가 끼워진 것이다.

빛만 있으면 나는 힘이 난다

색소는 어떤 일을 할까?

그렇게 본다면 색소가 광자를 흡수하는 것이 곧 광합성의 출발점이라 할 수 있다. 광합성이라는 기계가 잘 돌아가려면 무엇보다 먼저 광자를 최대한 많이 흡수해야 한다. **안테나 복합체**가 하는 역할이 바로 그것이다. '안테나'라는 말을 사용한 것은, 레이더 안테나나 텔레비전 안테나처럼 전자기 파동을 잘 잡아내서 원하는 효과를 낼 수 있는 곳으로 그 에너지를 이동시키는 일을 안테나 복합체가 하기 때문이다.

안테나 복합체는 색소로 가득 찬 단백질이다. 단백질의 가장 작은 기본 구성 단위인 서브유닛(subunit)에는 엽록소 a가 7개, 엽록소 b가 5개, 카로티노이드가 3개 들어 있다. 안테나 복합체라는 단백질은 다음 쪽의 그림이 보여 주는 것처럼 막 조직에 끼어 있다.(A가 안테나 복합체를 나타낸다.)

앞에서 말했듯이, 색소 분자가 광자를 흡수하면 그 분자는 들뜬상태에 놓인다. 그러고 나면 색소 분자는 안정된 상태로 돌아가기 위하여 초과 에너지를 옆에 있는 색소 분자로 옮기려고 한다. 그런데 색소 분자들은 서로 매우 가깝게 붙어 있기 때문에(몇 분의 1나노미터 거리로) 그러한 에너지 이동은 매우 빠르게 일어난다. 분자 하나에서 다른 분자 하나로 에너지가 이

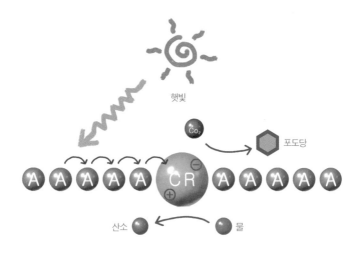

빛에서 에너지로

동하는 데 걸리는 시간은 10^{-12}초 미만이다.(1조분의 1초도 안 걸린다는 말이다.) 그렇게 순간적으로 안테나 복합체 내에서 아무렇게나 왔다 갔다 하던 에너지는 반응 중심 복합체 근처에 이르면 붙잡히게 된다.

반응 중심 복합체 역시 단백질인데, 안테나 복합체에 비해 크기가 크다. 반응 중심 복합체에는 엽록소 a가 약 40개 들어 있고, 엽록소 b는 하나도 없으며, 카로티노이드가 8개 정도 들어 있다. 40개의 엽록소 a 가운데 2개는 아주 특수한 역할을 맡는다. P라고 불리는 그 특별한 엽록소 a 한 쌍은 샌드위치 모양으로 바짝 붙어서 '전자 운반체'라고 불리는 서로 다른 화학 성질을 가진 두 가지 분자들, 즉 전자 공여체 D와 전자 수용체 A에 둘러싸여 있다. 안테나 복합체가 넘겨준 에너지가 P에 도달하면 1차 반응, 즉 전자의 이동 반응이 일어난다. 에너지를 받으면서 P가 들뜨게 되고, 매우 빠르게(10^{-12}초 안에) 전자 수용체 A한테 전자를 넘겨주는 것이다. 따라서 전자를 잃은 P는 양성(P^+)을, 전자를 받은 A는 음성(A^-)을 띠게 된다. 이 현상을 '전하의 분리'라고 부른다. P^+는 곧 전자 공여체 D의 전자를 받음으로써 중성 구조를 되찾으며, 전자를 넘겨준 전자 공여체 D는 양성(D^+)을 띠게 된다. 따라서 전체적으로 이들은 D^+PA^- 상태로 들어가게 되는데, 이 상태는 본래의 DPA 상태에 비해 더 큰 에너지를 갖는 불안정한 상태이며, 잇따른 화학 반응을 일으키는 원인이 된다. 이때 늘어난 에너지는 광자로부터 온 에너지가 화학 에너지로 바뀐 것이다. 하지만 광자의 에너지가 모두 화학 에너지로 바뀌는 것은 아니다. 바뀐 양은 약 50퍼센트 정도뿐이다. 다른 모든 자연 반응에서와 마찬가지로, 에너지의 일부분은 열로 바뀌면서 흩어져 없어지기 때문이다.

그런데 엽록소 a는 안테나 복합체에도 들어 있고 반응 중심 복합체에도 들어 있는데, 왜 화학 반응은 반응 중심 복합체에서만 일어나고 안테나 복합체에서는 일어나지 않는 것일까?

화학적인 면에서 볼 때 완전히 똑같은 분자인데도 말이다. 그 답은 단백질 구조의 차이에 있다.

반응 중심 복합체의 P는 P에게서 전자를 받거나 P에게 전자를 주는 분자인 A와 D에 둘러싸여 있다. 하지만 안테나 복합체에는 그런 이웃들이 없기 때문에 화학 반응이 일어날 수 없으며 오직 에너지의 이동만이 일어날 뿐이다.

엽록소 a 분자들이 용해되어 뿔뿔이 흩어져 있지 않다는 사실도 주목할 필요가 있다. 그런 경우에는 위치가 아무렇게나 바뀌므로 일정한 반응이 안정적으로 일어날 수 없게 된다. 그런데 반응 중심 복합체에서 엽록소 a 분자들은 반응 중심 복합체라는 단백질 안에 들어 있고, 반응 중심 복합체는 막 조직에 들어 있기 때문에, 오차 범위 0.1나노미터 미만의 대단히 일정한 위치를 유지하고 있으며, 그 때문에 자신의 기능을 최대한 효율적으로 수행할 수 있는 것이다. 안테나 복합체에서도 이는 마찬가지이다. 전자 이동 현상처럼 에너지 이동 현상도 분자들 사이의 거리에 크게 좌우되기 때문이다.

안테나 복합체 이야기로 다시 돌아가 보자.

재생 에너지에 많은 희망을 걸고 있는 요즘, 태양 에너지가 가장 흥미롭고, 풍부하고, 또 지구 전체에 골고루 퍼져 있는 에너지라는 것은 누구나 알고 있다. 하지만 태양 에너지를 이용하는 것은 대단히 어려운 일로, 어쩌다 활용된다고 해도 모두 산업적인 목적에만 한정되어 있다. 태양 에너지는 널리 흩어져 있어서 쓸모 있을 만큼 많은 양을 모으려면 대단히 넓은 면적의 에너지 포획 장치가 필요하기 때문이다.

그런데 식물은 안테나 복합체로써 그에 대한 해결책을 이미 찾아낸 셈이다. 반응 중심 복합체와 효소를 총동원해서 광합성이라는 기계를 만드는 것은 식물 입장에서 대단히 큰 비용이 드는 일이다. 그래서 최대한 수익을 올리기 위해 가능한 한 많은 빛을 흡수하고, 흡수한 에너지를 가능한 한 효율적으로 반응 중심 복합체로 옮기는 것이 필요했다. 안테나 복합체가 하는 기능 말이다. 광화학적 활동을 하는, 다시 말해 자극을 받았을 때 화학 반응을 일으킬 수 있는 특별한 엽록소 a 한 쌍인 P는 빛을 흡수해서 에너지로 바꾸는 기능만을 하는 색소 분자 400개와 평균적으로 결합해 있다.(아마 안테나 복합체가 없었다면 일반 조건에서 P는 1초에 1번 정도밖에 기능하지 못했을 것이다. 하지만 안테나 복합체 덕분에 P는 1초에 100번까지 광합성 기계를 돌리고 있다.) 인류도 필요에 맞는 크기의 안테나 복합체를 만들어서 태양 에너지를 사용할 수 있는 날이 올까?

최초의 질문과 관련지어 생각해 보면, 잎의 색깔을 결국 결정하는 것은 바로 안테나 복합체이다. 색소의 대부분이 거기에

들어 있으니까 말이다. 극단적으로 말하면 광합성을 하는 데에
는 엽록소 a만 있으면 된다고 생각할 수도 있다. 엽록소 b와 카
로티노이드는 '보조 색소'에 지나지 않는다. 이 색소들이 존재
하는 것은 빛을 더 많이 끌어들이기 위해서이다. 엽록소 a만
있다면 잎은 엽록소 a의 흡수에 대응하는 에너지를 가진 광자
들만을 흡수할 것이다. 하지만 보조 색소들이 있기에 잎은 흡
수 스펙트럼을 확장하여 빛을 확실하게 더 많이 모을 수 있게
된다. 물론 카로티노이드의 경우, 그런 보조적인 역할 말고 중
요한 기능도 수행한다. 빛의 양이 지나치게 많을 때 발생할 수
있는 피해로부터 엽록체를 보호하는 것이다. 이 문제는 의학적
인 활용도가 높기 때문에 중요하지만 이 책의 주제에서 벗어나
는 것이므로 자세하게 다루지는 않겠다.

포도당은 어떻게 만들어질까?

반응 중심 복합체에서 D^+PA^- 상태가 만들어진다는 사실을
알게 됨으로써 우리는 겨우 광합성에 첫발을 들여놓게 되었다.
그에 이어서 여러 단계의 전자 이동이 나타나고, 결국에는 두
가지 중요한 반응이 일어난다. 이 반응들은 둘 다 지구상의 생

명체에 꼭 필요한 반응이다.

첫째, 엽록체 안에 있는 물 분자가 분열하고, 그 결과 산소(O_2)가 생성된다. 우리가 호흡하고, 동물이 살아가기 위해 꼭 필요한 산소는 이렇게 생성되는 것이다. 물 분자의 분열은 또한 두 번째 반응을 위해 없어서는 안 되는 과정이기도 하다.

두 번째 반응이란 공기 중에 있는 이산화탄소(CO_2)를 흡수해서 유기 분자로 바꾸는 것이다. 이 반응을 위해서는 반드시 전자와 에너지가 필요하다. 전자는 물의 분열을 통하여 얻고, 에너지는 이 전자 덕택에 만들어지는 아데노신 삼인산(ATP)를 통하여 얻는다.

엽록체가 이산화탄소를 흡수하여 생성하는 유기 분자로 가장 중요한 것 중 하나가 포도당이다. 포도당은 식물이 다른 생체 분자를 만들 때 반드시 쓰인다. 포도당이 만들어지는 과정

● ● ●

아데노신 삼인산(Adenosine Triphosphate, ATP) 생물체는 호흡을 통해 유기물을 분해하여 그 속에 들어 있는 에너지를 저장해 놓고 필요에 따라 꺼내 쓰는데, 그 에너지가 저장되어 있는 곳이 바로 ATP다. 세포의 미토콘드리아에서 합성되는 ATP는 아데닌에 인산기 3개가 붙어 있는 구조로 이루어져 있는데, 생물이 에너지를 필요로 할 때 인산기 하나가 떨어져 나간 ADP(Adenosine Diphosphate)로 분해되고, 이때 발생하는 에너지를 생물에 공급한다.

은 이 책에서 다루지 않을 것이다. 엽록체 내에 있는 대단히 복잡한 분자 제조 기계를 통하여 포도당이 만들어진다는 정도만 알아두자. 그렇게 만들어진 포도당은 수액을 통하여 식물의 다른 기관으로 옮겨진다. 광합성이 매우 활발하게 일어나면 포도당은 그만큼 많이 만들어지는데, 그럴 때 포도당은 **녹말**˚이라는 저장 물질로 바뀌어 알갱이 형태로 엽록체 안에 쌓인다. 그러다가 광합성이 약해질 경우, 특히 밤처럼 광합성이 전혀 일어나지 않을 때 녹말은 수크로오스˚ 같은 단순 당으로 분해되며, 엽록체에서 호출되어 식물이 필요로 하는 곳에 사용된다.

● ● ● ●

녹말 녹색 식물의 엽록체 안에서 광합성으로 만들어져 뿌리, 줄기, 씨앗 따위에 저장되는 탄수화물. 맛도 냄새도 없는 백색 분말로, 포도당을 구성 단위로 하는 다당류이고, 찬물에는 녹지 않는다. 인간과 동물에게 에너지원으로 없어서는 안 될 영양소이다.

수크로오스(sucrose) 사탕수수, 사탕무 따위의 식물에 들어 있는 이당류. 물에 잘 녹으며 단맛이 난다. 캐러멜, 흡착제 따위를 만드는 데 쓴다. 분자식은 $C_{12}H_{22}O_{11}$ 이다.

4

가을엔
왜 **단풍**이 들까?

단풍은 왜 생길까?

봄에 흔히 볼 수 있는 식물의 새싹은 여름이나 가을의 잎 색깔과는 다른 특징이 있다. 대개는 매우 연한 초록색에 약간 노란빛을 띠고 있다. 이는 새싹에는 카로티노이드보다는 상대적으로 많지만 엽록소가 아주 조금만 들어 있음을 뜻한다.

사실 식물은 빛을 받을 때에만 초록색을 띤다. 강낭콩이나 옥수수를 따뜻하고 습하면서 어두운 곳에서 키워 보면 그 사실을 금세 알 수 있다. 그런 장소에서 자란 어린 새싹은 거의 흰색에 가깝다. 커다란 돌 아래에서 찾아낸 풀을 보면 그런 것처럼 말이다. 이 경우, 대체로 작은 크기를 보이는 잎은 엽록소가 아니라 엽록소의 **전구체,** 즉 원(原)엽록소를 가지고 있다. 원엽록소는 광자에 의해 발생하는 화학 반응을 통하여 엽록소로 바뀐다. 그 과정은 색소와 이 색소를 지니고 있는 단백질이 동시에 합성되면서 잎의 성장과 함께 빠른 속도로 진행된다. 그렇게 해서 다 자란 잎은 특유의 진한 초록색을 띤다.

가을이 되면 매우 다른 현상이 전개된다. 낙엽이 되어 사라지기 전에 잎이 색깔을 다시 바꾸는 것이다. 잎은 낮 길이가 줄어드는 것을 색깔을 바꾸라는 신호로 받아들인다. 빛이 완전히 사라진 것은 아니지만 낮 길이가 짧아졌기 때문에 강도가 예전 같지 않기 때문이다.

늦봄의 길어진 낮은 꽃을 피우게 하는 호르몬 신호를 보낸다. 늦여름의 짧아진 낮은 다른 호르몬 신호를 보내는데, 그 신호와 함께 식물은 월동 준비를 시작한다. 조만간 쓸모가 사라질 잎을 하나씩 없애 가면서 말이다. 이러한 현상은 잎에 들어 있는 두 가지 색소인 '피토크롬'과 '크립토크롬' 때문에 생긴다. 이 색소들은 아주 조금씩 들어 있기 때문에 잎 색깔을 결정하는 데에는 관여하지 않지만, 그 대신에 식물의 한살이를 결정하는 중요한 역할을 한다.

• • •

전구체 생화학에서 말하는 전구체란 생물체 내에서 물질이 합성되는 과정에서 다른 어떤 분자보다 먼저 나타나는 분자를 말한다.

초록색 변주곡

가을로 접어들면서 잎에 가장 먼저 나타나는 변화는 엽록체가 노화 엽록체로 바뀌는 것이다. 노화 엽록체는 '클로로필라제'라는 효소를 생성하는데, 이 효소는 엽록소에서 피톨을 제거한다. 피톨이 제거되면 엽록소는 붙어 있던 단백질(안테나 복합체나 반응 중심 복합체)에서 떨어져 나가고, 두 가지 파괴 현상이 동시에 일어난다.

첫 번째로 엽록소를 잃은 단백질이 불안정한 상태가 되어 아미노산으로 분리된다. 잎은 이 아미노산들을 수액을 통하여 뿌리 같은 식물의 저장 기관으로 보낸다. 잎 안에 들어 있던 내용물 중 상당 부분이 그런 식으로 해서 저장 기관으로 모인다.

두 번째로는 엽록소 자체가 파괴된다. 보호해 주던 단백질에서 떨어져 나옴으로써 엽록소는 수많은 효소들의 표적이 되는데, 그 효소들은 엽록소를 색깔이 없는 단순한 물질로 차근차근 바꾸어 놓는다. 그런데 엽록소의 파괴 과정에 강한 색을 가진 매개체˚가 개입한다. 한때는 간혹 빨간색을 띠기도 하는 그 물질이 가을 단풍의 범인이 아닐까 하고 생각한 적이 있었

● ● ●

엽록소 파괴에 영향을 주는 단백질 최근 연구 결과에 따르면 FtsH6라는 단백질이 엽록소 제거에 영향을 준다.

다. 하지만 그것은 사실이 아니다. 그 매개체는 잎에 아주 조금 밖에 들어 있지 않기 때문이다. 색소와 관련된 이러한 반응이 일어남과 동시에 한쪽에서는 낙엽이라는 현상을 일으키는 메커니즘이 작동한다.

그렇다면 단풍의 원인은 무엇일까? 단풍 현상을 일으키는 요인으로는 다음 세 가지가 관계되어 있는 것으로 보인다.

첫째, 엽록소의 파괴로 인하여 카로티노이드의 노란색이 드러나기 시작한다. 카로티노이드는 훨씬 더 느린 속도로 파괴되기 때문이다.

둘째, 가을이 되면 많은 식물의 잎이 안토시안을 대량으로 합성해 낸다. 안토시안은 물질의 산도에 따라서 빨간색에서부터 보라색까지 변하는 색소(완전히 익은 포도 껍질의 색깔인 검은 보라색이 바로 안토시안 때문이다.)로서 식물 세포에서 가장 넓은 부분을 차지하고 있는 액포 속에 들어 있다. 안토시안에 대한 얘기는 잠시 후에 다시 하게 될 것이다.

셋째, 많은 식물에서 볼 수 있는 복잡한 분자인 타닌* 때문이

● ● ●

타닌 가을에 나뭇잎을 갈색으로 변하게 하는 색소일 뿐만 아니라, 떫은 맛을 내는 성분으로 특히 감, 포도주, 초콜릿 등에 많이 들어 있다. 또 가죽 제품을 만들 때 부패를 방지할 목적으로 타닌이 사용되기도 한다.

다. 떡갈나무를 비롯한 여러 식물의 잎에 들어 있는 타닌은 잎이 노란 갈색을 띠도록 하는데, 그 색은 대개 변하지 않고 안정된 성질을 띤다. 떡갈나무의 경우 그 잎의 색깔은 이듬해 봄까지 유지된다.

이 셋 중에서 가장 놀라운 부분은 안토시안의 합성이다. 가을이 되면 잎은 분명한 목적이라도 있는 것처럼 안토시안을 만들어 낸다. 그것이 무슨 까닭인지는 아직 아무도 모른다. 엉뚱하기는 하지만 최근에 나온 가장 그럴 듯한 설명은 진딧물을 쫓아내기 위해서라는 것이다. 진딧물이 강렬한 색을 띠는 잎을 싫어하니까 말이다.

이 모든 요인을 결합해 보면 왜 가을에 잎이 종류마다 차이를 보이면서 다양한 색을 띠는지를 알 수가 있다. 여기에 장소와 시간에 따라 달라지는 태양빛과 습기에 의한 효과를 덧붙인다면, 다 자란 초록색 잎이 가을이면 화려한 색깔의 단풍에 자리를 내주는 이유를 더 잘 이해할 수 있다.

가을에 잎들이 띠는 다양한 색 중에는 초록색도 포함된다. 어떤 식물들은 겨울 동안에도 내내 초록색을 하고 있다. 낮 시간이 줄어듦에 따라 나타나는 노화 현상은 사실 낙엽수라고 불리는 나무들에서만 일어난다. 다른 나무들은 계속해서 초록색을 유지하는데, 겨울에도 잎을 그대로 가지고 있기 때문이다.

상록수라고 불리는 그 나무들은 추운 날씨에도 얼지 않고 광합성을 할 수 있게 해 주는 특수 조직을 가지고 있다. 따라서 그러한 나무들에게는 겨울에 잎을 떨어뜨리는 것보다는 그대로 가지고 있는 편이 훨씬 더 이로우며, 따라서 낮 길이가 짧아질 경우에 작동되는 호르몬 시스템이 진화하지 않았다. 하지만 그렇다고 해서 상록수 잎이 영원히 달려 있을 수 있다는 말은 아니다. 일정한 시간이 지나면 떨어지기 마련인데, 단지 겨울과는 상관이 없을 뿐이다.

식물의 색은 왜 모두 다를까?

한 가지 식물 종에서도 다 자란 잎의 색깔은 매우 다양한 차이를 보일 수 있다. 예를 들어, 질산염 비료를 너무 많이 주었다거나 하는 것처럼 영양을 지나치게 준 재배 식물의 잎은 진한 초록색이다. 엽록소를 아주 많이 가지고 있다는 표시이다. 반대로 미네랄 성분이 부족할 경우에는 백화 현상이 나타난다. 이는 엽록소가 조금밖에 없어서 병이 든 상태이다. 다른 전형적인 예는 식물이 바이러스에 감염되었을 때 볼 수 있다. 이 경우 대체로 초록색에 파괴가 일어나며, 가끔씩은 담배 모자이크

바이러스에 걸렸을 때처럼 초록색 반점이나 흰색 반점이 바둑판 모양으로 나타날 때도 있다. 따라서 농부에게 초록색 잎은 작물의 생육 상태를 판단하게 해 주는 기준이 된다.

식물은 빛을 최대한 받을 수 있게끔 진화해 왔다. 그래서 똑같은 식물이라도 나무 아래에 있는지 아니면 빛 한가운데 있는지에 따라 다른 색깔을 띤다. 나무 아래에서 자라는 식물의 경우, 부족한 빛을 최대한 끌어 모을 수 있는 안테나 복합체를 만들어 낸다. 반대로 빛 한가운데서 자라는 식물은, 특히 높은 산에서 자라는 식물은 빛이 너무 많아서 고통을 겪기 때문에 안토시안을 만들어 낸다. 안토시안은 빛을 걸러 줌으로써 우리가 바르는 선 크림과 비슷한 역할을 하기 때문이다. 따라서 그런 식물의 경우 약간의 자줏빛을 띠고 있다.

식물의 색깔을 바꿀 수 있을까?

원예가들은 일반적인 모양과는 다르게 생긴 잎이 달린 식물을 고르려고 애를 쓴다. 장식 효과가 좋기 때문이다. 그런데 장식용으로 많이 사용되는 식나무처럼, 어떤 식물의 잎은 초록색에 희거나 노란 점이 섞여 있는 걸 볼 수 있다. 잎에 엽록소가 없는 부분이 있다는 뜻이다. 그런 식물들은 '알비노'라는 돌연변이를 일으킬 수 있는 가능성이 아주 큰 세포를 가지고 있다. 엽록소 합성이 방해를 받아서 초록색이 사라지는 것이다. 이러한 특징은 유전적인 것인데, 몇 가지 유전 물질을 혼합함으로써 인위적으로 만들어 낼 수도 있다. 그 결과 다양한 빛깔의 빨간색 잎을 가진 식물도 나온다. 꽃 장식 전문가들이 매우 좋아하는 꽃들 말이다.

그와 같은 식물들에서 일어나는 현상을 이해하기 위해 앞에서 우리가 보았던 내용을 다시 떠올려 보자.

잎은 정상적인 엽록체를 가지고 있는데, 안토시안 같은 색소가 다소 많이 첨가되면서 초록색을 가리는 것이다. 생화학적 용어로 말하자면, 그 식물에는 안토시안의 생성을 촉진하는 효소를 이루는 유전자가 강하게 나타나 안토시안 분자가 많아진 것이라고 할 수 있다. 오래전부터 실험되고 있는 유전자 조작 과일의 경우도 이와 마찬가지이다. 빨간색 잎을 가진 식물로는 다양한 색깔의 잎을 가지고 있는 베고니아와 안토시안이 우위를 차지하고 있는 붉은 양배추를 빼놓을 수 없다. 앞에서 우리가 본 내용에 비추어 보자면, 붉은 양배추 잎의 경우 광합성이 아마 아주 적게 일어날 것이다. 안토시안이라는 장식적인 색소가 빛의 상당 부분을 흡수해 버렸을 테니까 말이다. 하지만 이

것은 어디까지나 예상이 그렇다는 것이고, 정확하게는 아무도 모른다.

5

잎은 왜 꼭 초록색이어야 했을까?

바다 식물은 왜 초록색만이 아닐까?

 땅에서 볼 수 있는 식물의 잎은 일반적으로 초록색이다. 그런데 바다에 사는 사촌인 **해조류**는 그렇지 않다. 해조류는 잎을 가지고 있지 않는데도 대단히 활발한 광합성을 하며, 아주 다양한 색깔을 보인다. 어떤 것은 초록색(녹조류)이고, 어떤 것은 빨간색(홍조류)이고, 어떤 것은 갈색(갈조류)이다.

 모든 해조류에는 육지 식물과 똑같이 반응 중심 복합체가 있으며, 그 반응 중심 복합체에는 색소로 엽록소 a와 카로티노이드가 들어 있다. 하지만 녹조류에는 육지 식물의 잎과 유사한 안테나 복합체가 있는 반면, 다른 해조류에는 매우 다른 구조의 안테나 복합체가 있다. 갈조류의 경우에 그 안테나에는 카로티노이드가 많이 들어 있는데, 그것이 엽록소보다 더 우세

왜 무조건 초록색이어야 할까?

하기 때문에 갈색을 띠는 것이다. 홍조류의 경우에는 완전히
다른 안테나 복합체가 들어 있다. '피코빌리프로틴'이라는 단
백질로 이루어져 있는 안테나 복합체로 이것이 초록색 빛을 강
하게 흡수해서 전체를 빨간색을 띠게 만드는 것이다. 이때의
초록색 빛은 초록색 식물이 흡수하지 않는 빛이다. 홍조류는
바다 표면 가까이에서 자라는 녹조류가 그냥 지나가게 두는 초
록색 빛을 흡수하는 것이다.

육지 식물은 왜 초록색으로 진화했을까?

그런데 왜 육지 식물에서는 그러한 색 차이를 관찰할 수 없을까?

우선 반응 중심 복합체에는 엽록소 a가 항상 들어 있다는 사실을 떠올려 보자. 엽록소 a가 반응 중심 복합체에 들어 있는 것은 빛을 흡수해야 할 필요성 때문이 아니라, 그것이 자극을 받으면 전자의 이동을 일으켜 광합성을 하는 데 필요한 전자를 물에서 가져올 수 있게 해 주기 때문이다. 엽록소 a는 전자의 이동이라는 기능을 위해 반드시 있어야 하는 것이고, 따라서 식물은 안테나에서 빛을 포착할 때에도 아주 자연스럽게 엽록소 a를 사용하면 되었다. 엽록소 b는 엽록소 a에서 쉽게 만들어진다. 그리고 카로티노이드는 엽록체의 보호에 꼭 필요한 물질이다. 일반적으로 잎 색깔을 형성하는 모든 성분의 존재 이유는 그렇게 설명된다.

다음으로, 색깔은 무엇보다도 안테나 복합체의 존재에 의해 결정된다는 사실을 떠올려 보자. 태양빛을 흡수하는 기능을 가지고 있는 안테나 복합체 말이다. 그런데 엽록소와 카로티노이드로 이루어진 그 안테나 복합체가 열심히 일을 한다고 해도 그것이 빛을 흡수하는 데 최적의 조건은 아니다. 태양빛은 초록색에서 강한 에너지를 보이지만, 안테나 복합체의 특성 때문에 잎은 그 초록색을 아주 조금만 흡수하니까 말이다. 왜 그럴까? 식물의 계층 구조에서 위쪽에 있는 식물들이 너무 많은 빛을 흡수하는 것은 바람직하지 않기 때문이다. 예를 들어, 숲에서 키 큰 나무들이 빛을 대단히 많이 흡수한다면, 풀이나 키 작은 나무들은 빛을 얻지 못할 것이다. 따라서 잎의 초록색이란 빛을 나눠 가지려는 적절한 타협의 결과일 수도 있다.

그렇기는 하지만, 키 큰 나무 밑에서 자라는 음지 식물의 경우 그 식물까지 다다르는 초록색 빛을 더 효율적으로 흡수할 수 있는 안테나 복합체를 만드는 것이 이롭지 않을까 하고 생각해 볼 수 있다. 홍조류에서 피코빌리프로틴이 하는 것처럼 말이다. 그런데 육지 식물은 왜 그러한 물질을 가지고 있지 않을까?

종의 진화로 눈을 돌리는 것 외에는 이 물음에 적절한 답을 할 방법이 없는 것 같다. 식물의 진화에 대해서는 정확하게 알려져 있지 않다. 하지만 해조류가 잎을 가진 식물보다 먼저 나타난 것은 거의 확실하다. 잎을 가진 식물은 녹조류에서 출발해서 더 뒤에 나왔으며, 따라서 피코빌리프로틴을 본래부터 가지고 있지 않았다. 그 뒤에 종이 아주 다양화되었지만, 홍조류에서 볼 수 있는 피코빌리프로틴이라는 특성을 얻게 되는 일은

없었다.

왜 그랬을까? 글쎄, 진화의 수수께끼 같은 것이라고 할 수 있을까. 어떤 순간 예측할 수 없는 방식으로 새로운 특성을 가지게 되는 능력이 생명체에게 있는지는 알 수 없는 일이다. 어쨌든 피코빌리프로틴이 만들어지려면 단지 돌연변이 식물에서만 나타날 수 있는 수많은 특별한 유전자 활동이 필요하다는 것이다. 하지만 또 아는가? 거의 오지 않을지도 모를 멀고 먼 미래에 홍조류가 태양 에너지를 모으는 데 현재의 육지 식물보다 훨씬 더 잘 적응된 식물로 진화하게 될지. 그러면 그때 잎은 더 이상 초록색이 아닐지도 모른다.

더 읽어 볼 책들

- 이흥우, 『엥겔만이 들려주는 광합성 이야기』(자음과모음, 2005).
- 말론 호아글랜드, 황현숙 옮김, 『생명의 파노라마』(사이언스북스, 2001), 특히 제2장 「에너지: 생명체는 어떻게 빛과 같은 에너지를 생명 유지에 이용할까』를 참조할 것.

논술 · 구술 기출 문제

논술 · 구술 시험은 논리적이고 종합적인 사고를 요구한다. 다음에 제시된 문제는 이 책의 주제와 연관이 있는 논술 · 구술 기출 문제이다. 이 책을 통하여 습득한 과학적 지식과 원리, 입체적이고 논리적인 접근 방식을 활용하여 스스로 문제에 답해 보자.

▶ 광합성이란 무엇이고, 왜 지구상의 생명체에게 중요한가?

▶ 광합성의 명반응과 암반응은 서로 다른 곳에서 일어난다. 각각 일어나는 세포 내 장소를 말하시오.

▶ 유기 호흡과 광합성의 반응식을 비교하여 각각의 의의를 설명하시오.

▶ 빛의 이중성이란 무엇인지 말하시오.

▶ 파동과 입자의 차이를 설명하시오.

▶ 빛의 파동성을 설명할 수 있는 현상들의 예를 들어보시오. 빨간색 레이저 빛의 파장은 대략 얼마 정도인가요?

옮긴이 | 김성희

부산대 불어교육과 및 동대학원을 졸업했으며 현재 전문 번역가로 활동 중이다.

민음 바칼로레아 08

잎은 왜 초록색일까?

2판 1쇄 펴냄 2021년 3월 30일
2판 5쇄 펴냄 2024년 8월 8일

1판 1쇄 펴냄 2006년 1월 5일
1판 4쇄 펴냄 2013년 9월 19일

지은이 | 폴 마티스
감수자 | 이재열
옮긴이 | 김성희
발행인 | 박근섭
펴낸곳 | ㈜민음인

출판등록 | 2009. 10. 8 (제2009-000273호)
주소 | 06027 서울 강남구 도산대로 1길 62 강남출판문화센터 5층
전화 | 영업부 515-2000 편집부 3446-8774 팩시밀리 515-2007
홈페이지 | minumin.minumsa.com

도서 파본 등의 이유로 반송이 필요할 경우에는 구매처에서 교환하시고
출판사 교환이 필요할 경우에는 아래 주소로 반송 사유를 적어 도서와 함께 보내주세요.
06027 서울 강남구 도산대로 1길 62 강남출판문화센터 6층 민음인 마케팅부

한국어판 © (주)민음인, 2006. Printed in Seoul, Korea
ISBN 979 11-5888-770-4 04000
ISBN 979 11-5888-823-7 04000(set)

㈜민음인은 민음사 출판 그룹의 자회사입니다.